BOJE PASA

PREDSTAVLJAMO BOJE MLADIM UMOVIMA

BY RAINBOW ROY

JUNIOR DUGA
BOJE PASA

Duga je ispunjena svim vrstama boja.

Zajedno ćemo istraživati boje i učiti o psima.

CRVENA

Crvena,
poput
bandane
ovog psa.

NARANČA

Narančasta, poput ovog irskog setera.

ŽUTA BOJA

Žuta, kao ovaj
zlatni retriver.

ZELENA

Zeleno, poput ogrlice i pojasa ovog psa

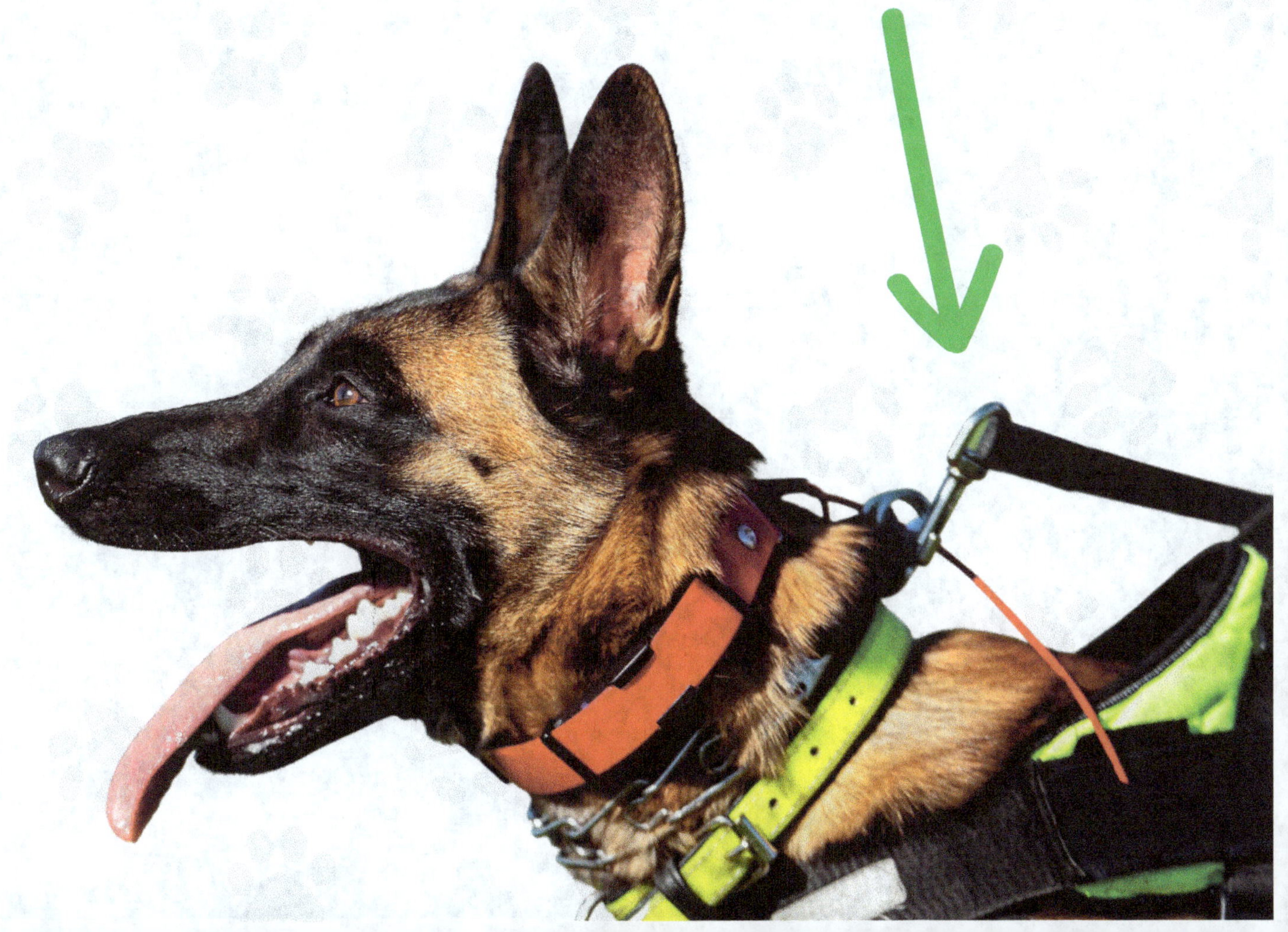

PLAVA

Plava, kao ovaj australski govedarski pas

INDIGO

Indigo, kao ovaj krevet za pse.

LJUBIČASTA

Ljubičasta, poput
ove igračke za psa.

Sada, pogledajmo neke druge boje, izvan duge!

RUŽIČASTA

Ružičasta, poput odjeće ovog psa.

SMEĐA

Smeđa, kao ovaj Newfoundland.

BIJELA

Bijeli, kao
ovaj
maltezer.

CRNO

Crno, kao ovaj laboratorij.

SIVA

Siva, kao ova njemačka doga.

Sada, da vidimo što ste naučili!

Koje je boje ovaj pas?

Ovaj pas je žut.

Koje je boje ovo štene?

Ovaj pas je siv.

Koje je boje ovaj pas?

Ovaj pas je crne, smeđe i bijele boje.

Ti si tako pametan! Uvijek učite i nikada ne zaboravite svoju ljubav prema učenju.

www.ingramcontent.com/pod-product-compliance
Lightning Source LLC
Chambersburg PA
CBHW060523120726

48002CB00011B/3287